Franken

Impressionen

elmar hahn verlag

Fran

Impressionen

Fotografie: Elmar Hahn · Herbert Liedel · Thomas Peter Widmann · Text: Thomas Huth

ken

Design: Klaus Schinagl

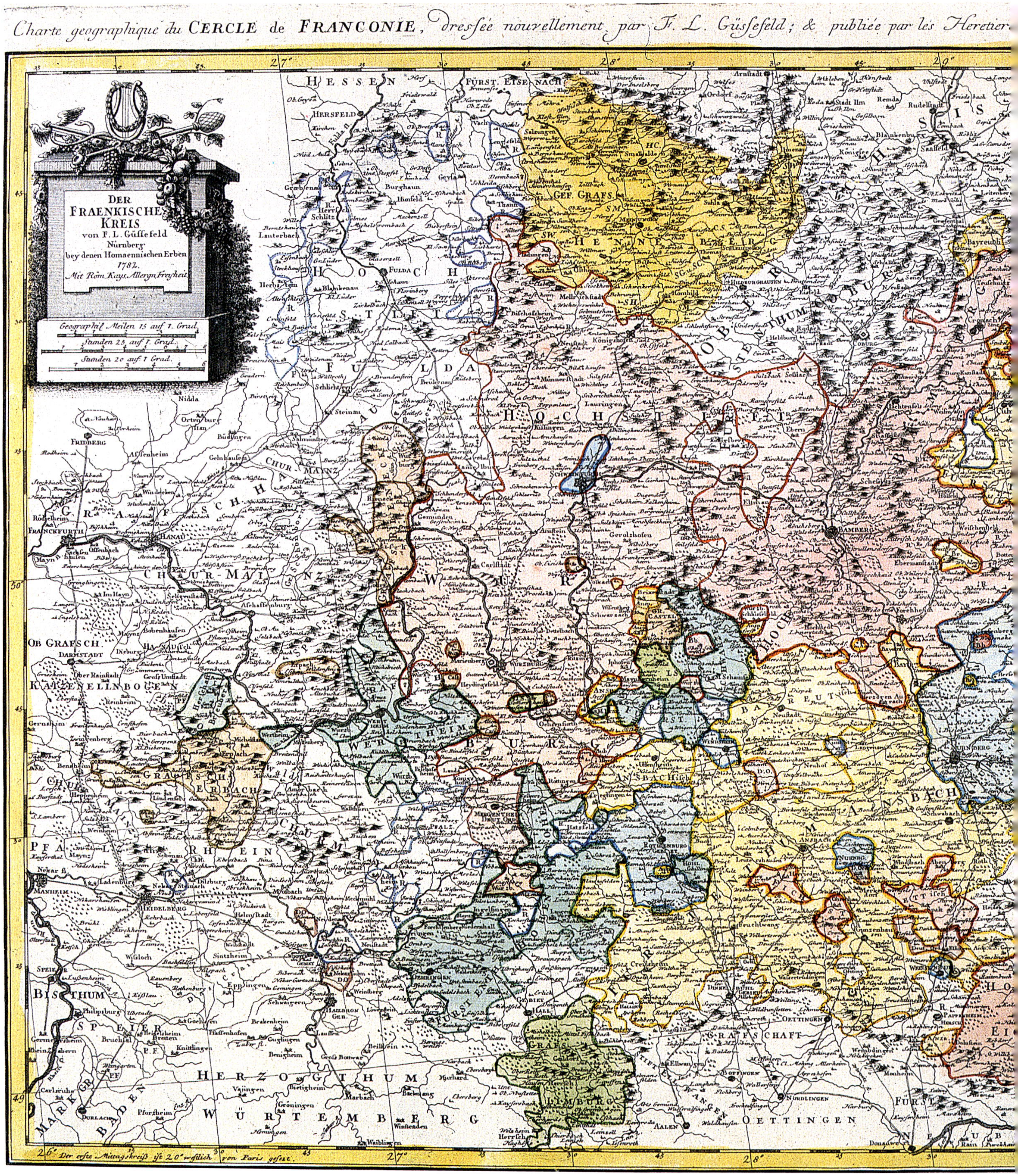
Charte geographique du CERCLE de FRANCONIE, dressée nouvellement par F. L. Güssefeld; & publiée par les Heretiers
DER FRAENKISCHE KREIS
von F. L. Güssefeld
Nürnberg
bey denen Homaennischen Erben
1782.
Mit Röm. Kays. Allergn. Freyheit.
Geographisch Meilen 15 auf 1. Grad
Stunden 25 auf 1. Grad.
Stunden 20 auf 1 Grad.
Der erste Mittagskreis ist 20° westlich von Paris gesetzt.
HESSEN
FÜRST. EISENACH
HERZOGTHUM WÜRTEMBERG
BISTHUM SPEIER
OETTINGEN
BAMBERG
NÜRNBERG
FULDA
HANAU
FRANCKFURTH
HEIDELBERG
MANHEIM
DARMSTADT

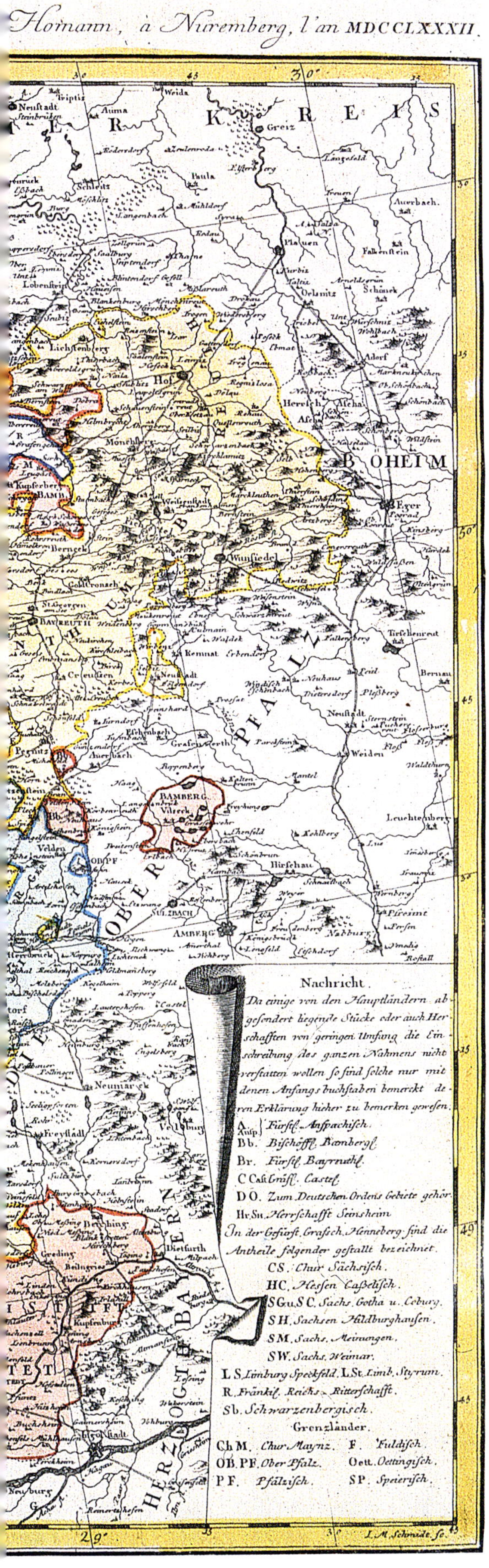

Als Franken beinahe von der Landkarte verschwand

„Es wäre schade, wenn das schöne Wort Franken im Worte Bayern unterginge!", befürchtete 1826 der Schriftsteller Karl Julius Weber. Seine Befürchtungen waren nicht unbegründet, denn das Ende des Heiligen Römischen Reiches Deutscher Nation, die Wirren der napoleonischen Ära und der darauf folgende Wiener Kongress 1814/15 hatten dafür gesorgt, dass sich die Landkarte Deutschlands mit einem neuen, „flurbereinigten" Aussehen präsentierte. Die einstigen Fürstbistümer, die Reichsstädte, der Deutsche Orden, die Grafschaften und ritterschaftlichen Territorien, die dem Gebiet, das wir heute als Franken bezeichnen, bis 1803 den Charakter eines buntscheckigen Potpourris auf dieser Landkarte verliehen, waren nun verschwunden. Bayern hieß der große Gewinner, in ihm fand sich der größte Teil dessen wieder, was vor einem halben Jahrtausend bei der Einteilung des alten Reiches in Reichskreise die wohlklingende Bezeichnung „Franconia Orientalis", also Ostfranken, erhalten hatte. Die europäischen Umwälzungen hatten somit aus Franken bayerische Staatsbürger gemacht; ein Nürnberger war nun nicht mehr freier Reichsstädter und ein Bamberger nicht mehr fürstbischöflicher Untertan.

War damit das Erinnern an die in Jahrhunderten gewachsene fränkische Eigenkultur in den Landen an Main, oberer Altmühl und Wörnitz erloschen? Konnte ein neues bayerisches Staatsbewusstsein eine neue „weiß-blaue Mentalität" bewirken?

Zum Glück nicht! Webers Befürchtung erwies sich als unbegründet. Frankens Eigenart überdauerte und es gelang der Spagat, loyaler Bürger des Königreich Bayerns zu werden, ohne dabei den fränkischen Eigencharakter zu verlieren. Einem Coburger beispielsweise bereitet es weder emotionale noch verdauungstechnische Schwierigkeiten, sich zum Frühschoppen Weißwürste zu gönnen und den gleichen Tag mit Bratwürsten ausklingen zu lassen! Die Frage der Doppelmentalität ist für den Franken keine, sie ist praktizierte Realität! Womit er gegenüber dem so genannten Altbayern, also dem bayerischen Bürger bairischer Stammesabkunft, eindeutig im Vorteil ist, hat er doch unter Beweis gestellt, sich in „fremde" Kulturen einfühlen zu können! Würzburgs großes Kiliani-Volksfest wird also ganz selbstverständlich mit Weinschoppen und Biermaß gefeiert – kann man sich das beim Münchner Oktoberfest so einträchtig vorstellen? Wohl kaum.

Links: Die Karte des fränkischen Reichskreises von 1782 zeigt ein buntes Gemisch weltlicher und geistlicher Herrschaften, garniert mit ein paar freien Reichsstädten. Auf engem Raum lagen hier viele kleine Zentren im Wettstreit miteinander, was Franken eine kulturelle Vielfalt bescherte, die so leicht keine zweite deutsche Region erreicht.

Kleinstaaterei – Fluch oder Segen?

Die Franken erzog die eigene Geschichte zu Flexibilität. Im Zeitalter der Kleinstaaterei endete der Staat, in dem man zuhause war, nicht selten an den ersten Äckern des Nachbardorfes. Es war schiere Notwendigkeit, zu lernen, sich miteinander zu arrangieren, es in der Verschiedenheit miteinander auszuhalten. Zu dieser Erkenntnis kamen unsere Vorfahren auch nur höchst selten durch Besonnenheit und Vernunft, sondern meist durch leidvolle Erfahrung. Europäische Geschichte ist bedauerlicherweise über weite Strecken auch die Geschichte von Herrschenden, Religionen und Gesellschaften, die gegenseitig versuchen, sich ihre Vorstellungen aufzuzwingen. Die Wahl der Mittel war selten vornehm – die lange Liste von Kriegen, Pogromen, Vertreibungen und Unterdrückungen spricht eine nur zu deutliche Sprache. Franken als Landschaft in der Mitte Deutschlands, im Herzen Europas, musste all das auch aushalten. Die Interessen, ob von außen hereingetragen oder „hausgemacht", prallten gerade hier auf engem Raum oft gegeneinander. Es sei lediglich an die Epochen des Bauernkriegs, der Reformation oder des Dreißigjährigen Krieges erin-

nert. Man hat sich nach jeder Katastrophe wieder zusammenraufen müssen und man war – im günstigsten Fall – nach jeder dieser Katastrophen ein wenig schlauer.

Frankens staatliche Vielfalt war unter diesem Aspekt in der Einschätzung früherer Zeitgenossen wohl eher ein Fluch, uns erscheint sie dagegen mehr als Segen, bescherte sie uns doch eine beglückende Vielzahl kultureller Zentren, deren Ausstrahlung bis in die Gegenwart fortdauert.

Die Franken kommen vom Niederrhein

Alles hatte damit begonnen, dass im 6. und 7. Jahrhundert vom Nieder- und Mittelrhein fränkische Siedler den Main aufwärts ins heutige Franken einwanderten. Sie trafen hier auf ein Gemisch unterschiedlichster Bewohner, worunter Thüringer, Alemannen, Slawen und Kelten zu den wichtigsten „Ureinwohnern" zählten. Ermöglicht wurde diese Landnahme durch zwei entscheidende Siege der Franken über die Alemannen um das Jahr 500, die dazu führten, dass besagter Stamm in südwestlichere Gebiete verdrängt wurde, wo sie dann – kulinarisch gesehen – ihr Reich von Rösti, Spätzle und Kugelhupf einrichteten. Mit den Franken hielt erstmals auch das Christentum in den Raum zwischen Spessart und Regnitz, zwischen Rhön und Altmühl Einzug; ihr König Chlodwig hatte sich vorbildhaft schon im Jahr 496 taufen lassen. Leider weiß man über all diese Vorgänge recht wenig, denn das Instrument der Recherche dieser Fragen ist nicht die Lesebrille, sondern der Archäologenspaten. Was man über diese Zeit und diese Menschen in Erfahrung bringen konnte, musste der Erde abgerungen werden; Siedlungs- und vor allem Gräberfunde sind oft die einzigen Quellen, aus denen sich Erkenntnis schöpfen lässt. In der Zeit des fränkischen Großreiches unter den Karolingern gehörte das heutige Franken selbstredend dazu, war aber noch Grenzregion zu den Slawen. So war die Regnitz zur Zeit Karls des Großen noch so etwas wie eine Grenzlinie. Die beiden Orte Forchheim und Hallstadt bei Bamberg tauchen zum ersten Mal im Jahre 805 urkundlich auf, als der „Rüstungsexport" an die slawischen Nachbarn einer strengen Kontrolle unterworfen werden musste.

Die Bischofssitze waren die ersten Zentren

Würzburg und Eichstätt waren damals schon wichtige Zentren; Bonifatius hatte die beiden Plätze Mitte des 8. Jahrhunderts zu Bischofssitzen erhoben und damit den östlichen Teil Frankens in die Organisationsstruktur der römischen Kirche eingebunden. Wenn des öfteren vom östlichen Teil Frankens die Rede ist, muss daran erinnert werden, dass bis in die Zeit der salischen Herrscher auch fast das ganze heutige Bundesland Hessen und Teile des Mittelrheingebiets zum „Herzogtum Franken" gehörten. Frankens Bedeutung war groß zu jener Zeit, galt es doch als das Kernland des Reiches. Dass dieses Herzstück des Reiches regelrecht auseinander fiel, lag unter anderem daran, dass hier sehr viel direkter Reichsbesitz lag. Als nämlich die Macht der Kaiser im Laufe des Mittelalters immer schwächer wurde, gelang es einzelnen Adelsfamilien, sich diesen Besitz anzueignen. Manchmal gelang selbst Bürgern der Sprung in die Eigenstaatlichkeit, wenn sie es schafften, sich wie in Rothenburg oder Nürnberg auf

Reichsterritorium zu etablieren. Aus diesen Anfängen erwuchsen schließlich die Stadtrepubliken der freien Reichsstädte, von denen sich in Franken Nürnberg, Rothenburg, Schweinfurt, Weißenburg und Windsheim dauerhaft behaupten konnten. So wurde die Zersplitterung Frankens grundgelegt und dieses Herzland des alten Reiches in seiner politischen Bedeutung geradezu atomisiert. 1007 rief zu allem Überfluss der letzten Ottonenkaiser Heinrich II. in Bamberg auch noch ein drittes Bistum auf ostfränkischem Gebiet ins Leben. Die Zeche zahlten der Würzburger und der Eichstätter Bischof aus deren Sprengel das neue Bistum herausgelöst wurde. Dank kaiserlicher Gunst und zahlreicher Schenkungen konnte das Bistum Bamberg rasch eine starke Stellung erreichen – außerdem war es, was in der christlichen Welt zu den raren Ausnahmen zählte, exemt, also direkt dem Papst unterstellt!

Minnesang und Meißelkunst

Die Bischofsstädte Würzburg, Bamberg und Eichstätt erwiesen sich mit ihren vielen kirchlichen Auftraggebern als erste künstlerische und kulturelle Zentren Frankens. In hoher Blüte stand die Kunst besonders in der Zeit, in der Kaiser aus staufischem Hause regierten. Der Minnesang beispielsweise stand in Franken so hoch im Kurs wie in keinem zweiten deutschen Landstrich. Walther von der Vogelweide, der seinen Lebensabend in Franken verbrachte, und Wolfram von Eschenbach, der aus der gleichnamigen kleinen Stadt bei Ansbach stammte, sind zwei Dichter, deren Werke zu den Höhepunkten deutscher Literatur des Mittelalters zählen und die eng mit Franken verbunden waren. Wie eine Gestalt aus den Dichtungen der beiden wirkt ein weiterer künstlerischer Höhepunkt mittelalterlichen Kunstschaffens in Franken, der Bamberger Reiter. Er wie auch der restliche Skulpturenschmuck in und am gerade neu erbauten Bamberger Dom sind Spitzenleistungen von europäischem Format und zählen zum Elegantesten was uns diese Epoche in Stein hinterlassen hat. Aber auch abseits der großen Zentren führte eine Verfeinerung der höfischen Kultur zu mehr Raffinesse und Eleganz in Kunst und Architektur. Die Zeit um 1200 war schließlich auch die große Zeit des Burgenbaus und nicht wenige dieser wehrhaften Neubauten schmücken spätromanische Steinmetzarbeiten von höchster Qualität. Die waldverpackte, abgelegene Wildenburg bei Amorbach oder die Salzburg hoch über Bad Neustadt an der Saale sind bis heute eindrucksvolle Zeugen für den hohen Standard der Bauleute dieser Epoche.

Frankens „kleine Staaten" entstehen

Der vermehrte Burgenbau in dieser Zeit steht aber nicht nur für eine aufblühende Adelskultur, er steht auch für den zunehmenden Machtverfall der Herrscher des Reiches und die damit verbundene Zersplitterung dieses Reiches in zunehmend selbständigere, kleinere Einheiten. Die weitere Geschichte Frankens muss spätestens von diesem Zeitpunkt an, als die Geschichte seiner einzelnen Bestandteile geschrie-

Links: Das Nürnberg des ausgehenden Mittelalters war eine der geld- und volkreichsten Städte des Reiches. Hartmann Schedel porträtierte in seiner Weltchronik 1492 eine vor Selbstbewusstsein strotzende Stadtrepublik mit türmereichem Mauerkranz.

Rechts: Kaiser Heinrich II. und seine Gattin Kunigunde stifteten 1007 das Bistum Bamberg, woran sie als Steinskulpturen der Adamspforte des Bamberger Doms bis heute elegant erinnern dürfen.

ben werden, obwohl der Würzburger Bischof 1168 von Kaiser Friedrich Barbarossa den wohlklingenden aber letztlich bedeutungslosen Titel eines Herzogs in Franken verliehen bekam.

Als wichtigste „Kleinstaaten" kristallisierten sich nach vielen Kämpfen, Querelen, „feindlichen Übernahmen" und freundlichen Einheiratungen, die Markgrafschaften der Hohenzollern in Ansbach und Bayreuth sowie die drei Fürstbistümer Würzburg, Bamberg und Eichstätt heraus. Garniert wurde dieses Tableau größerer Kleinststaaten mit Herrschaften des deutschen Ritterordens, mit den gräflichen Ländern der Pappenheim, Schwarzenberg, Hohenlohe und Castell und mit den in Franken besonders zahlreich vertretenen Reichsritterschaften. Damit war der bunte Flickenteppich kleiner Staaten fertig gewoben, der Franken einerseits politisch neutralisierte, der aber andererseits auch die bis heute erlebbare kulturelle Vielfalt der zahlreichen kleinen Zentren hervorbrachte.

Die einzige Klammer für diese kleinen Einheiten bildete der im Jahre 1500 geschaffene ostfränkische Reichskreis, dessen Gebiet mit den drei heutigen Regierungsbezirken Unter-, Mittel- und Oberfranken ziemlich deckungsgleich ist, vorausgesetzt man zieht den Spessart ab und rechnet Hohenlohe und Teile Südthüringens dazu. Diesem Kreis ist es in erster Linie zu verdanken, dass das Wort Franken bei all der leidigen Kleinstaaterei nicht in Vergessenheit geriet. Dieser Reichskreis war durchaus eine identitätsstiftende Einrichtung und mitunter sogar in der Lage, kleinere Probleme auf regionaler Ebene zu lösen.

Nürnberg 1500 – Metropole von Kommerz und Kunst

Abgesehen davon waren die Jahrzehnte um 1500 für Franken eine echte Blütezeit. Allem voran ist die Reichsstadt Nürnberg zu nennen, die sich zu einer der einwohnerreichsten und wirtschaftsstärksten Städte im deutschen Sprachraum empor gearbeitet hatte. Mit der Wirtschaft boomte in der Noris aber auch die Kunst. Albrecht Dürer, Veit Stoß, Adam Krafft heißen die Topstars der Kunstszene an der Pegnitz. Von der hohen Kunst der Renaissancemaler und Bildhauer bis zum Kunsthandwerk der Goldschmiede, Uhrmacher, Harnischfeger und Spielzeugmacher konnten Nürnbergs Kunstschaffende jede nur erdenkliche Nachfrage befriedigen. Humanistisches Gedankengut und deutsche Sprache erfreuten sich besonderer Pflege durch Gelehrte wie Patrizier. Selbst ein Handwerker wie der Schuster Hans Sachs wusste den Schatz der deutschen Dichtung um einige tausend kurzweilige Verse zu bereichern. Kurzum: Nürnberg war eine Stadt in der Kunst und Kommerz in äußerst glücklicher Wechselwirkung einander beflügelten. Kein Wunder also, wenn das Allroundgenie der deutschen Renaissance, Albrecht Dürer, zu den wohlhabendsten Bürgern seiner Heimatstadt zählte!

Neben der Handelsmetropole von europäischem Format Nürnberg, ging es aber auch den vielen kleinen Städten, die ihre Bedeutung nur aus dem engen Umkreis schöpften, nicht schlecht. Die kleinen Städte und Märkte zwischen Main und Steigerwald beispielsweise erfreuten sich beachtlichen Wohlstands und entwickelten eine zunehmend selbstbewusste bürgerliche Kultur. Die Rathäuser von Dettelbach, Volkach und Ochsenfurt sind ebenso wie die

Unten: *Im Gegensatz zur Reichsstadt Nürnberg, die uns Hartmann Schedel inmitten eines „Waldes" von Stadtmauertürmen präsentiert, klärt bei der zeitgleichen Darstellung Bambergs die „Kirchturmdichte" darüber auf, das hier 1492 ein geistlicher Herr das Sagen hatte.*

Rechts: *So alles beherrschend die Festung Marienberg über Würzburg in Sebastian Münsters Cosmographia 1548 erscheint, wird sie auch auf die für ihre Unabhängigkeit streitenden Bürger im Mittelalter gewirkt haben.*

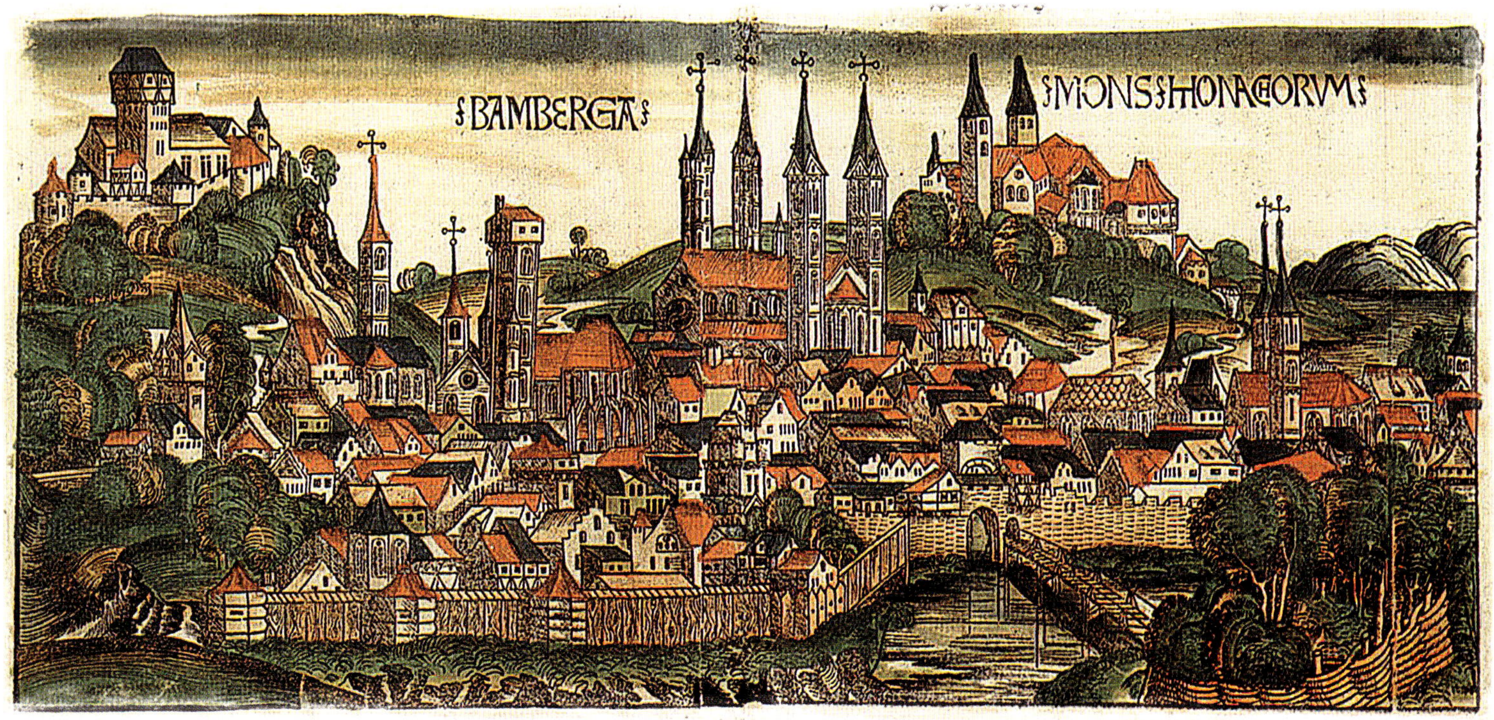

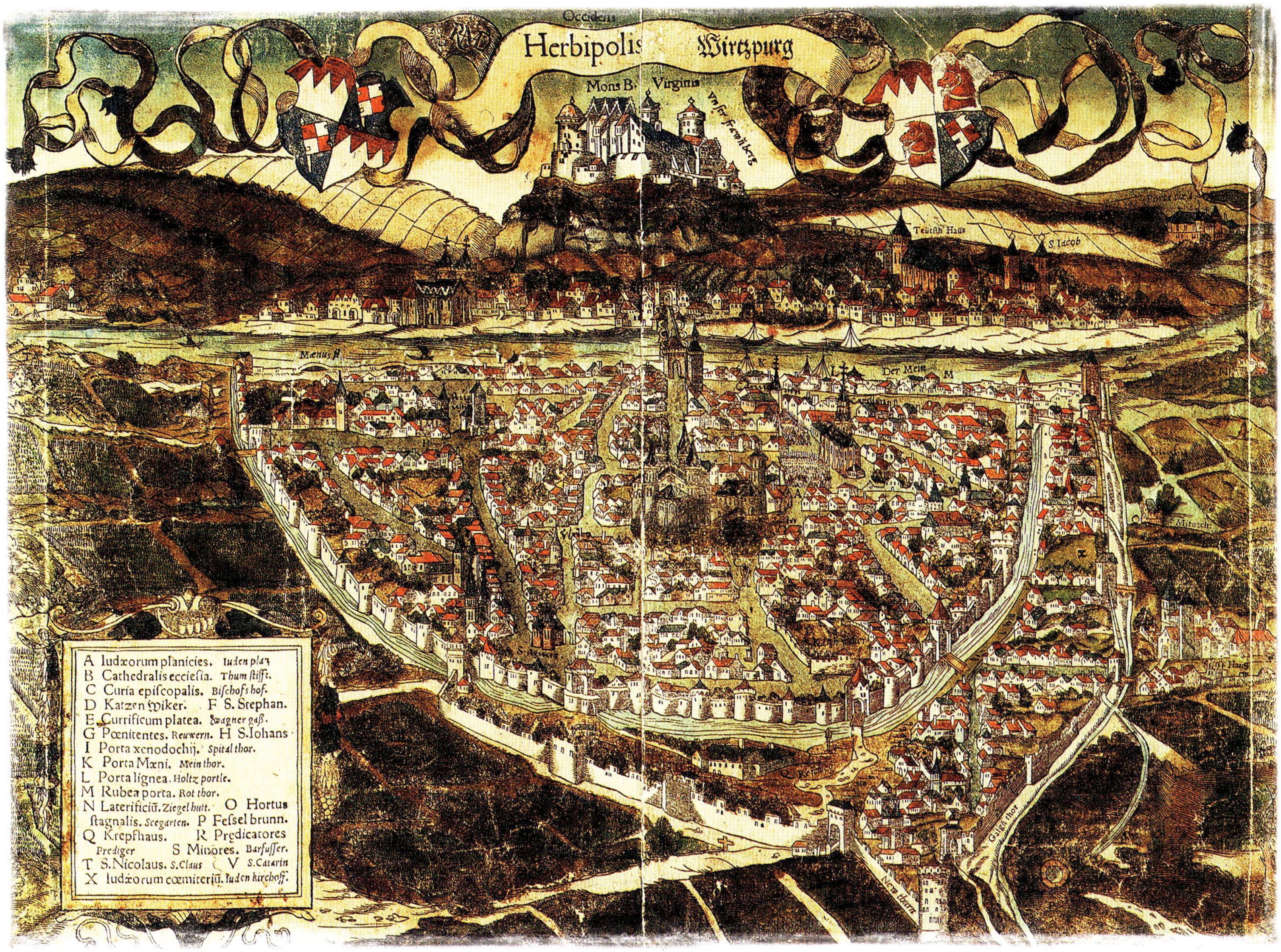

vieltürmigen Ortsbefestigungen von Sulzfeld, Sommerhausen und Iphofen Zeugen jener positiven Entwicklung der Jahrzehnte um 1500.

Glaubensspaltung und Glaubenskrieg

Die Einführung der Reformation in den meisten weltlichen Herrschaften und den Reichsstädten brachte ein weiteres trennendes Element ins fränkische Kleinstaatensemble. Seither sind die einstigen Gebiete der Würzburger, Bamberger und Eichstätter Bischöfe und des Deutschen Ritterordens katholische Inseln im ansonsten überwiegend protestantischen Franken. Konfessionelle Spaltung und zentrale Lage im Reich prädestinierten Franken zu einem der zentralen Kampffelder des Dreißigjährigen Krieges. Was, als Konflikt der Bekenntnisse getarnt, 1618 in Böhmen seinen Ausgang nahm, wurde bald zu einem Krieg, der weder Freund noch Feind kannte, der auf deutschem Boden nach dreißig Jahren Ausbluten nur Verlierer zurückließ. Franken erlitt Truppendurchzüge, Besatzungen und Konfessionswechsel fast allerorten und es bedurfte einiger Jahrzehnte, bis die Wunden einigermaßen vernarbt waren.

Jedem Grafen sein Versailles

Um so mehr erstaunt die Blüte der Architektur, der Bildhauerei und der Malerei, die in den letzten beiden Jahrzehnten des 17. Jahrhunderts begann und bis in die Mitte des Nachfolgejahrhunderts währte. Aus Italien herbeigeholte künstlerische Entwicklungshelfer in Sachen Barock legten den Grundstein zur Verwandlung eines bis dahin weitgehend mittelalterlich strukturierten Landes in eine moderne Kunstlandschaft im neuen, modernen Geschmack. Dieser Baueifer erfasste alle, egal ob altgläubig oder protestantisch, ob geistliche oder weltliche Herrschaft. Die Rolle, die in den katholischen Landen die Mäzene aus der Familie Schönborn auf den geistlichen Fürstenthronen spielten, füllte im protestantischen Bayreuth die Markgräfin Wilhelmine mit ihrem Gatten aus. Aber auch im herzoglichen Coburg, in der anderen Zollernresidenz Ansbach oder in den hohenlohischen Fürstentümern grassierte bald der „Bauwurm". Den Befall durch einen solchen hatte jedenfalls der kunstbegeisterte Kurfürst Lothar Franz von Schönborn als Ursache für die epidemisch auftretende und nahezu unheilbare Bauwut des Barockzeitalters diagnostiziert.

Großartiges entstand besonders dann, wenn Bauherr und Künstler sich dem gleichen Qualitätsstandard verpflichtet fühlten und sie sich in Kennerschaft in nichts nachstanden. So verdanken wir zwei Schönborn-Bischöfen als Auftraggeber, dem genialen Baumeister Balthasar Neumann als Entwerfer und Koordinator und einer Schar internationaler Künstler und Kunsthandwerker einen Wunderbau wie die Würzburger Residenz. Ein prall gefüllter Geldbeutel macht noch kein überragendes Kunstwerk; erst der optimale Einsatz der finanziellen und künstlerischen Mittel führt zu einem zeitlos schönen Ergebnis wie in Würzburg. Dass man am Ende gar noch einen Giovanni Battista Tiepolo gewinnen konnte, der mit venezianischer Grandezza und enormem Einfühlungsvermögen das Gesamtkunstwerk Residenz durch seine Fresken krönte, kann als eigentlich verdiente Zugabe verbucht werden. Natürlich trieb nicht nur die Freude an der brandaktuellen Kunst viele Provinzfürsten in den oftmals ruinösen Baueifer. Es war auch der absolutistische Herrschaftsstil des französischen Königs Ludwig XIV. und dessen glanzvolle Schöpfung Versailles Vorbild, der dafür sorgte, dass sich nicht wenige Potentaten zwischen Spessart und Fichtelgebirge zu „fränkischen Sonnenkönigen" berufen fühlten. Selbst an Orten, die ländlich unverdächtig erscheinen, überraschen Residenzen von stattlichen Ausmaßen, wie die Großbauten in Kleinheubach, Ellingen oder Schillingsfürst belegen. Anders nimmt sich dagegen die Entwicklung in den Freien Reichsstädten aus. Sie erholten sich von den horrenden Belastungen des großen Krieges nicht mehr, waren oftmals nur noch Gespenster ihrer selbst. Die einst so stolze und reiche Gewerbemetropole Nürnberg bat Ende des 18. Jahrhunderts sogar um die Aufnahme in den preußischen Staatsverband! Appetit auf die Noris hätten die Preußen vielleicht gehabt, aber sie fürchteten, sich an den reichsstädtischen Schulden zu verschlucken und schlugen das Ansinnen aus.

Franken in Bayern oder die Suche nach einer neuen Rolle

Allgemein klingt das 18. Jahrhundert in Franken eher bescheiden aus. Die Anstrengungen der bauwütigen Jahrzehnte mussten erst einmal verkraftet werden und die französische Revolution signalisierte unmissverständlich, dass die „von Gott eingesetzte Obrigkeit" durchaus von Menschen wieder abgesetzt werden kann. Wenn es sein muss auch blutig!

Reichsdeputationshauptschluss, Ende des Heiligen Römischen Reiches Deutscher Nation, Niederlegung der Kaiserkrone durch Franz II. und die Kriege der Ära Napoleons mussten erlitten und verarbeitet werden, bevor sich mit dem Wiener Kongress 1814/15 die Verhältnisse wieder stabilisierten. Franken war nun bayerisch, die einstigen kleinen Hauptstädtchen und Metropölchen durften fortan ungestört von ihrer verflossenen Bedeutung träumen, Franken war Provinz geworden. Für nicht wenige Städte war das zunächst ein hartes Los, denn ehemalige Hauptstädte wie Bamberg, Würzburg oder Ansbach bezogen ihre wirtschaftliche Kraft aus ihrer Mittelpunktfunktion, der Hofhaltung, der Staatsverwaltung und den damit verbundenen Beamtenjobs und Handwerkeraufträgen. Man musste sich nach etwas Neuem umsehen oder „neudeutsch" ausgedrückt neu positionieren und einigen Städten glückte tatsächlich der Aufbruch ins Industriezeitalter. Am energischsten tat das die Stadt, die lange Zeit den lethargischsten Eindruck machte: Nürnberg. Als habe man nur darauf gewartet, von der eigenen schlafmützigen Stadtregierung befreit zu werden, schossen nun Industriebetriebe wie Pilze aus dem Boden, trieb unternehmerische Initiative die Entwicklung energisch voran. Natürlich profitierte man von der langen Tradition der hoch spezialisierten Gewerbe, aber der nun vergrößerte Wirtschaftsraum im Königreich Bayern ohne die hemmenden Landesgrenzen, die beinahe hinter jedem fünften Dorf lauerten, tat ein Übriges, Nürnbergs exportorientierte Wirtschaft wieder flott zu bekommen. Die Noris entwickelte sich in nur wenigen Jahrzehnten zum wichtigsten Industriestandort Süddeutschlands. Bayerns Könige, sofern sie sich nicht wie Ludwig II. hauptsächlich auf die Förderung des eigenen Wohnkomforts konzentrierten, förderten Bayerns Verkehrsinfrastruktur nach Kräften. Eisenbahn und Main-Donau-Kanal hießen die wichtigsten Verkehrsprojekte des Jahrhunderts, wobei der 1992 fertig gestellte Kanal nicht nur verkehrserleichternde Maßnahme war, sondern auch eine höchst symbolische Verbindung Alt-Bayerns mit Neu-Bayern, sprich Franken. Hinzu kamen verstärkte Bemühungen um den Ausbau des Straßennetzes – für die Zukunftsfähigkeit der fränkischen Provinzen waren damit wichtige Voraussetzungen geschaffen. Städten wie Schweinfurt, Fürth, Aschaffenburg und Hof gelang zwar bald der Aufschwung zu wichtigen Industriestandorten, aber auf dem Land konnte von einer echten Besserung der Verhältnisse kaum die Rede sein.

Nicht freiwillig aber oft erfolgreich: Auswanderung aus Franken

Liest man Statistiken über die Einwohnerentwicklung im ländlichen Franken, stößt man immer wieder auf die Tatsache, dass viele Dörfer in den 1930er Jahren weniger Einwohner zählten als im ausgehenden 18. Jahrhundert! Diese Entwicklung war nicht etwa sinkenden Geburtenraten geschuldet, sondern resultierte aus der enormen Abwanderung aus dem ländlichen Franken. Dies traf besonders Gegenden mit ohnehin eher bescheidenen Böden, aber auch die einst zahlreicheren Winzerdörfer litten an dieser chronischen Bewohner-Schwindsucht, unter anderem deswegen, weil die Reblaus mit ihrem Appetit die fränkischen Rebflächen drastisch reduziert hatte. Frankens größtes Problem war aber die Erblast aus der viele Generationen lang durchgehaltenen Realteilung der Erbmasse. Starb ein Bauer, teilte man den Besitz unter den Söhnen auf, die Besitzungen wurden folglich immer kleiner und am Ende dieser Entwicklung standen oftmals Anwesen, die zum Sterben ein klein wenig zu viel aber zum Leben meist nicht genug abwarfen. Das Ergebnis waren viele Auswanderungswellen aus Franken in die deutschen Industriereviere, ins europäische Ausland und vor allem ins Land der unbegrenzten Möglichkeiten, nach Amerika. Nicht wenigen wurde dieser Mut mit steilem wirtschaftlichem und gesellschaftlichem Aufstieg honoriert. Ein Beispiel mag das belegen: von Buttenheim bei Forchheim in Oberfranken führte die Auswandererkarriere einen gewissen Levi Strauss bis nach San Francisco, von wo aus er ein zweckmäßiges, langlebiges Beinkleid namens „Jeans" zum weltweiten Erfolg machte. Noch heute ist seine „Levi's" ein Synonym für jene blaue „Auswanderer-Hose" aus robustem Stoff, die viele fränkische Nachkriegseltern an den Beinen ihrer Kinder als Inbegriff amerikanischer Unkultur so wenig sehen mochten. Die Verhältnisse im Fränkischen waren oft derart bescheiden, dass jegliche Modernisierung unterblieb. Die heute mit Entzücken und Fleiß bestaunten Altstädte und Stadtbefestigungen von Rothenburg ob der Tauber, Dinkelsbühl, Ochsenfurt oder Seßlach überdauerten die Zeiten nicht etwa, weil der fränkische Mensch so sehr ins „Altfränkische" vernarrt war, dass er es von Natur aus dem Neuen vorgezogen hätte. Nein, es fehlte im

Links: Der Coburger Herzog Johann Friedrich der Mittlere (†1595) und seine Familie fühlen sich in biblischer Gesellschaft wohl, zumindest als Alabasterfiguren auf des Herzogs Grabmal in der Coburger Morizkirche.

Rechts: Für das katholische Franken war die Familie Schönborn mit ihren zahlreichen Kirchenfürsten Säule des rechten Glaubens und des barocken Mäzenatentums. Das Hochaltarbild der Gaibacher Kirche macht mit mehreren Generationen des Familienclans bekannt.

19. und frühen 20. Jahrhundert schlicht und einfach an Geld, um das alte „Geraffel“ einzulegen! Die bescheidenen Verhältnisse jener Zeit erlauben uns heute den einzigartigen Genuss wohl erhaltener Altstadtensembles. Dass man überhaupt begann, den alten Bauten etwas Reizvolles abzugewinnen, war eine Folge der wachsenden romantischen Sehnsüchte einer Gesellschaft, die mit dem Hineinwachsen ins Industriezeitalter spürte, dass sie sich unumkehrbar Stück für Stück von ihren Wurzeln entfernte. Romantisch veranlagte, reisende Engländer sind nicht zufällig die Pioniere bei der Entdeckung des Ursprünglichen, war doch die Industrialisierung auf den britischen Inseln weit stärker fortgeschritten als auf dem Kontinent. Diese erste Welle des Kulturtourismus im 19. Jahrhundert brachte sogar eine neue Gattung der Kunst hervor: die Stadt- und Landschaftsvedoute für das Souvenirgeschäft gehobener Ansprüche. Diesem Umstand danken wir in vielen Fällen die Überlieferung mittlerweile zerstörter und entstellter Stadt- und Landschaftsbilder.

Von der Gründerzeitpracht zum Weltkriegselend

Die Jahre nach der Gründung des Deutschen Reiches 1871 entzündeten überall im Reich das überhitzte Wirtschaftswachstum der so genannten Gründerzeit. Franken zog mit und Städte wie etwa Fürth oder Bad Kissingen belegen noch heute mit opulent geschmückten Bürgerbauten aus dieser Zeit, dass man auch hier fest daran glaubte, es könne von nun an nur noch aufwärts gehen. Eine naive Hoffnung, die in zwei Weltkriegen und der Terrorherrschaft der Nazis ebenso unterging wie das alte Europa der Dynastien. Wollte man die Problematik dieser Entwicklung an einer deutschen Stadt exemplarisch aufzeigen, gäbe es wohl kaum ein geeigneteres Beispiel als Nürnberg. Die Stadt litt als reine Industriestadt unter den Wirtschaftskrisen nach dem 1. Weltkrieg besonders. Massenarbeitslosigkeit war im Nürnberg der Zwanziger Jahre Alltagserfahrung, dennoch oder gerade deswegen wählte man hier traditionell rot. Im ländlichen und kleinstädtischen Franken dagegen, besonders in rein protestantischen Gebieten, hatte die NSDAP schon sehr früh triumphale Wahlerfolge. Mit dem Aufstieg der Nationalsozialisten richtete sich deren Augenmerk, gelenkt vom eifrigen fränkischen Gauleiter Julius Streicher, auf die Kulisse der alten Reichsstadt. Vor der Silhouette der Kaiserburg, dem einstigen Aufbewahrungsort der Reichskleinodien, inszenierte sich das III. Reich bei seinen Reichsparteitagen als „Erbe“ und Fortführer des 1. Reiches. Es war nicht die große Zustimmung der Nürnberger, die die Nationalsozialisten in ihre Stadt gelockt hatte, Nürnberg war vielmehr „Opfer“ seiner großen Geschichte und seines damals noch einzigartig erhaltenen Stadtbildes geworden. Die Stadt Nürnberg muss es seither aushalten, dass man ihren Namen nicht nur mit Lebkuchen, Spielwaren und Christkindlesmarkt in Verbindung bringt, sondern auch mit den Rassegesetzen, den Reichsparteitagen und den Kriegsverbrecherprozessen. Als im Frühjahr 1945 der 2. Weltkrieg endete, lag Deutschland in Schutt und Asche und Nürnberg mit ihm. Von des einstigen „Reiches Schatzkästlein“ war nur noch eine Ruinenlandschaft geblieben. Das zerstörte Nürnberg war wiederum ein Sinnbild der ganzen Nation, einer Nation, die ihre eigene Identität und die eigene Geschichte schon vor den Bombardierungen der Alliierten selbst zerstört hatte!

Aufbau, Wirtschaftswunder und der Zusammenhang zwischen Nahrungsmitteln und Hightech

Auch Würzburg verlor sein einmaliges, über Jahrhunderte gewachsenes Stadtbild; es ging im Bombenhagel des 16. März 1945 unwiederbringlich unter. Selbst kleinere Städte wie Schweinfurt, Aschaffenburg, Bayreuth, Rothenburg oder Gemünden erlitten schwere Zerstörungen. Der Wiederaufbau setzte überall rasch ein und in den meisten Fällen gelang ein städtebaulicher Kompromiss zwischen Verbesserung der Wohnverhältnisse und Reminiszenz an das untergegangene Stadtbild. Es wäre weder materiell möglich noch im Hinblick auf die Nutzung sinnvoll gewesen, verwinkelte Fachwerk-Altstädte wiederherzustellen. So sind die „neuen Altstädte" Würzburgs und Nürnbergs zwar unverkennbar Nachkriegsarchitekturen, aber man hat zum Glück den verbliebenen historischen Bauten innerhalb dieser neuen Stadtlandschaften ihre Würde belassen, indem man bei Neubauten die Maßstäblichkeit der untergegangenen Städte einigermaßen wahrte. An diesen Städten bauten aber nicht nur die Einheimischen, sondern auch viele Heimatvertriebene, die erst heimisch werden mussten. Die große Aufgabe, die in schwierigsten Zeiten zu bewältigen war, einte die Menschen rasch, schweißte sie zusammen und machte aus Pommern, Sudetendeutschen, Ostpreußen oder Schlesiern binnen kürzester Zeit Franken. Den größeren Städten war Zuzug nie fremd, aber für nicht wenige Dörfer bedeuteten diese Neubürger die erste einschneidende Veränderung ihrer Gemeinschaft seit dem Westfälischen Frieden! Rein katholische Dörfer mussten nun protestantische Pommern „aushalten" und manch evangelische Dorfgemeinschaft sah sich vor die Aufgabe gestellt, sich mit katholischen Sudetendeutschen anzufreunden. Die Durchmischung tat Franken gut und da die Neuankömmlinge ihre Kenntnisse und Fertigkeiten ins fränkische Wirtschaftsleben einbrachten, durfte man sich gemeinsam das Verdienst am Wirtschaftswunder gutschreiben. Franken veränderte sich in den wenigen Jahrzehnten nach dem 2. Weltkrieg rascher und nachhaltiger als in manchen Jahrhunderten zuvor. Das Land wurde moderner, ohne seinen „altfränkischen Charme" zu verlieren. Es gelang, einen modernen Wirtschafts- und Wissenschaftsstandort aufzubauen, der seine Verwurzelung in einer reichen Geschichte und in lebendigen Traditionen als ruhenden Pol in einer immer hektischer werdenden Welt bewahrte. Was in Altbayern mit dem einprägsamen Slogan „Laptop und Lederhose" umschrieben wird, könnte im Fränkischen aus gleich guten Gründen etwa „Seidla und Science" oder „Bratwurst und Bytes" lauten. Der Franke hat halt was übrig, fürs leiblich wie fürs geistig Nahrhafte!

Links: Eine kluge Frau, begabt mit musischen Talenten, viel Witz und Phantasie, war die Schwester des preußischen Königs Friedrich II., hier porträtiert von Antoine Pesne.
Ihre Ehe mit dem Bayreuther Markgrafen war für sie ein Unglücks-, für das fränkische Rokoko dagegen ein ausgesprochener Glücksfall.

Rechts: William Henry Harriott hielt das, was die reisenden Engländer im 19. Jahrhundert an Deutschland besonders begeisterte, das Romantische, in seinen Aquarellen fest. Dass er zwecks Absatzsteigerung mitunter ein wenig übertrieb, zeigt auch die übersteigert pittoreske Darstellung von Dom und Domstraße in Würzburg.

Links: *Im Nebel erscheinen die Krüppelkiefern im Schwarzen Moor wie Bonsaigewächse.*

Oben: *Die Abendsonne färbt das Wasser des Schwarzen Moores golden.*

Links: Urwaldartige Wälder erobern sich die karge Landschaft der Basaltblockmeere der Hochrhön.

Oben: Wenn Nebelschwaden die Täler in weiße Seen verwandeln, nehmen sich die höchsten Kuppen der Rhön wie Inseln aus.

Oben: Der „Maler" Herbst und der Fassadenmaler des Schlosses Aschach an der Fränkischen Saale konnten sich auf die gleiche Farbpalette einigen.
Nachfolgende Seiten: Eisiger Frost beraubt Schloss Brennhausen in den Haßbergen seiner schützenden Wasserflächen.

Links: Die kleeblattförmige romanische Kapelle im Bergfried der Burg Rieneck weckt Erinnerungen an die verborgenen Versammlungsräume früher Christen.

Oben: Zwar nicht mehr stilrein mittelalterlich, aber dennoch von eindrucksvoller Fernwirkung: Burg Rieneck über dem Tal der Sinn.

Links: Was dem Schloss der Mainzer Kurfürsten in Lohr an schmückenden Accessoires abgeht, macht der malerische vieltürmige Umriss wett.

Oben: Die waldreichen Höhen des Spessarts und die schöne Lage am Main lassen vergessen, dass Lohr auch eine der industriereichsten Städte Unterfrankens ist.

Links: Das Wasserschloss Mespelbrunn im Spessart ist keine Filmkulisse, wie mancher seit dem „Wirtshaus im Spessart" glauben mag, sondern seit vielen Generationen Heim der Familien Echter und Ingelheim.

Rechts oben und unten: Dem einen fehlt das Bedeckende, dem anderen das zu verdeckende: eine Konsolfigur und eine Rüstung im Schloss Mespelbrunn.

Links: *Dem Mainzer Kurfürsten Johann Schweickard von Kronberg und seinem Architekten Georg Ridinger gelang mit dem Schloss Sankt Johannisburg in Aschaffenburg einer der bedeutendsten Schlossbauten der deutschen Renaissance.*

Rechts oben: *Der massige Bergfried ist die letzte Erinnerung an den 1552 zerstörten mittelalterlichen Vorgänger des Schlosses Sankt Johannisburg.*

Rechts unten: *An Markttagen leisten Gemüse und Blumen dem Aschaffenburger Schloss für ein paar Stunden welkende Gesellschaft.*

Oben: Schloss Schönbusch vor den Toren Aschaffenburgs war Sommerfrische der letzten Mainzer Kurfürsten.

Unten: Der Freundschaft ist diese verkleinerte Nachbildung des Pantheons in Rom im Park Schönbusch gewidmet.

Rechts: Mit dem Pompejanum schenkte der bayerische König Ludwig I. seinem „bayerischen Nizza", Aschaffenburg, die Nachbildung einer Villa des antiken Pompeji.

Oben: *Miltenbergs kleinen aber feinen Marktplatz säumen Fachwerkhäuser aus drei Jahrhunderten.*

Unten: *Das Stapelrecht bescherte den Miltenberger Bürgern einst Wohlstand, man sieht ihn der schmucken Parade von Fachwerkbauten in der Hauptstraße noch heute an.*

Rechts: *An der mittelalterlichen Henneburg über Stadtprozelten bauten der Deutsche Orden und der Mainzer Kurfürst. Den Feinden konnte sie trotzen, dem Zahn der Zeit nicht.*

MSP-MM 92
KARLSTADTER SCHILDER-LADEN

Links: *In Karlstadts lebendiger Altstadt grüßt wie ein Fossil vergangener Mächte die Ruine der Karlsburg.*

Oben links: *Auf steilem Kalkfelsen wacht das Schloss in Homburg über den Main.*

Oben rechts: *Wie ein Schiffsrumpf schiebt sich der Mauerleib der Burg Rothenfels aus dem bunten Herbstwald – der Bergfried übernimmt den Part der Kommandobrücke.*

Unten links: *Zur Fachwerkmelodie der Unteren Hauptstraße in Karlstadt steuern die Giebel den Rhythmus bei.*

Unten rechts: *Für das Landschaftsbild am rebengesäumten Main bei Karlstadt ist der Ortsname Himmelstadt fast schon Programm.*

Links: Schloss Veitshöchheim diente den Würzburger Fürstbischöfen zunächst als Jagddomizil und nach Umbau als barockes „Wochenendhaus".

Oben: Inmitten ausgedehnter Heckenquartiere lädt ein schiefergedeckter Pavillon im Veitshöchheimer Rokokogarten zur standesgemäßen Rast.

Links: Die Strahlen der frühen Morgensonne vergolden Würzburgs Antlitz und polieren den Schein der Heiligen auf der Alten Mainbrücke auf.

Oben: Neumünster, Grafeneckart, Johanniskirche und Dom nehmen sich wie ein Scherenschnitt der mehr als tausendjährigen Geschichte Würzburgs aus.

Oben: *Die Sonne lugt neugierig über den Nikolausberg auf Würzburgs Festung Marienberg.*

Unten: *Über den spätherbstlichen Weinbergen des Leistengrundes scheint die massige Festung Marienberg wie eine schwerelose Fata Morgana zu schweben.*

Rechts: *Aus der Luft erkennt man am besten, wie der Festung Marienberg der Kompromiss aus abweisender Wehranlage und einladender Fürstenresidenz der Bischöfe glückt.*

Links: *Das Licht der Scheinwerfer hebt den Bodybuilder Festung Marienberg und das feingliedrige Modell Käppele aus Würzburgs Nachthimmel.*

Oben: *Den Turmspitzen der Burkarderkirche leisten das Käppele und die Immaculata auf der Alten Mainbrücke fromme Gesellschaft in Würzburgs sakral gestimmtem Stadtbild.*

Oben: *Bewacht vom mittelalterlichen Schneidturm könnte der Alte Kranen aus dem 18. Jahrhundert am Mainkai in Würzburg selbst heute noch so manches Schiff erleichtern.*

Oben: *Marienkapelle und Falkenhaus geben eine altehrwürdige Kulisse für das junge Leben der Universitätsstadt Würzburg.*

Links: *Seit mehr als hundert Jahren empfängt die Symbolfigur Frankens, die Frankonia, vor der Würzburger Residenz die Gäste.*

Oben: *Vor der Silhouette der Würzburger Domtürme prägt Tilman Riemenschneider einer Marienfigur seine unnachahmliche Handschrift auf.*

Nachfolgende Seiten: *Das Treppenhaus der Würzburger Residenz war die Visitenkarte der Bischöfe für ihre Gäste. Tiepolos grandioses Deckenfresko gibt dazu den sinnlichen Kommentar und stellt den Hausherrn samt Künstlern vor.*

Links: Angesichts der herbstgefärbten Weinberge um Randersacker wünscht man sich, was die Großlage des Weinortes mit ihrem Namen verspricht: Ewig Leben!

Oben links: Mit einer beeindruckenden Turmparade hofften die Dettelbacher Bürger, den Feind zum Türmen zu animieren.

Oben rechts: Die Prozession der stolzen Fachwerkgiebelhäuser in Ochsenfurts Hauptstraße bringt erst das breitgelagerte Rathaus zum Stillstand.

Unten links: Die Eibelstädter machen vor der Kulisse von Rathaus und Nikolauskirche das, was man in einer Weingegend von Natur aus besonders gut kann: feiern.

Unten rechts: Die Türme dreier Bekenntnisse, des katholischen, evangelischen und des jüdischen wetteifern um die Hoheit über Kitzingens Dächern.

Links: Der Main kann sich vom Weinland um die Wallfahrtskirche Maria im Weingarten bei Volkach gar nicht losreißen und versucht mit einer großen Schleife um die Vogelsburg seinen Aufenthalt in diesem Gottesgarten zu verlängern.

Oben: Mit der Rosenkranzmadonna in der Wallfahrtskirche Maria im Weingarten gelang Tilman Riemenschneider die Verschmelzung von Mutter, Himmelskönigin und apokalyptischem Weib zum Idealbild der spätmittelalterlichen Frau.

Links: Zum Feind steinern grimmig, zur Stadt hin fachwerk-freundlich wendet das Rödelseer Tor in Iphofen seine beiden höchst unterschiedlichen Gesichter.

Oben: Die Kirchenburg in Mönchsondheim bot einst den Bauern, ihrem Vieh und ihren Vorräten Schutz – heute ist sie alten ländlichen Gerätschaften letzte Heimat.

Nebenstehend: Früher logierte im Torbau und dem angefügten Fachwerkhaus der Kirchenburg Mönchsondheim der Schulmeister.

Nachfolgende Seiten: Einen keilförmigen Bergsporn über Scheinfeld besetzt das Renaissanceschloss Schwarzenberg, Stammschloss und Namensgeber des in Böhmen mächtig gewordenen Fürstengeschlechts.

Links: Das Freilandmuseum vor den Toren der einstigen Reichsstadt Bad Windsheim ist das Gedächtnis des dörflichen Frankens. Hier ein kleines bäuerliches Anwesen aus dem Aischgrund.

Oben: Von eher bescheidenen Verhältnissen erzählen ein Kleinbauernhaus aus dem 18. Jahrhundert und ein mittelfränkisches Heckerhaus.

Unten: Die Unterschlausersbacher Mühle aus dem Jahr 1575 nutzte jahrhundertelang die Wasserkraft zum Getreide mahlen.

Links: Die Bürger der Reichsstadt Rothenburg gönnten sich im 16. Jahrhundert mit dem Renaissanceflügel ihres Rathauses einen Palast, der dem eines Fürsten nicht nachstand.

Oben: Steil spitzt sich der Fachwerkgiebel der Rothenburger Gerlachschmiede in die Höhe, als wolle er auch von jenseits der Stadtmauer gesehen werden.

Links: *An frostklirrenden Wintertagen bewacht das Burgtor mit dem höchsten Turm der Rothenburger Stadtbefestigung eine fast touristenfreie Stadt.*

Oben: *Hier kochten die Rothenburger Dominikanerinnen im Mittelalter ihre Speisen, die in punkto Kargheit der Ausstattung kaum nachstanden.*

Nachfolgende Seiten: *Plönlein, also Plätzchen, muss im Fotoalbum die Beschriftung für die meistfotografierte Straßengabelung Rothenburgs, ja Deutschlands lauten.*

GASTHOF

„La Isla'

Links: Wie die vornehmen Familien Dinkelsbühls sich früher ihr „Wohnumfeld" gestalteten, zeigt der arkadenbegleitete Hof des Hezel'schen Anwesens unweit der Georgskirche.

Oben: Angeführt von der „Kinderlore" gelang es dem Nachwuchs Dinkelsbühls die harten Herzen der rauen schwedischen Soldaten im Dreißigjährigen Krieg zu erweichen.

Unten: Bittende Kinderaugen entwaffneten die Landsknechte im Dreißigjährigen Krieg – Dinkelsbühl feiert seine Verschonung 1632 noch heute mit der Kinderzeche.

Oben: *Schloss Spielberg half einst den Besitz der Grafen von Oettingen zu sichern, heute beherbergt es die Skulpturen des Künstlers Ernst Steinacker.*

Rechts: *Wenn das Land zu Füßen des Schlosses Spielberg Glück hat, verhilft ihm der Winter zu einem weißen Schonbezug gegen den ärgsten Frost.*

Links: *Franken hat einen Vogel! Und was für einen: den Urvogel Archaeopteryx als Versteinerung, gefunden in den Steinbrüchen um Solnhofen an der Altmühl.*

Oben: *Der Ruine der Burg Pappenheim steht es gut zu Gesicht, wenn die lebhaften Farben des Herbstlaubes dem grauen Gemäuer ein wenig „Rouge“ auflegen.*

Links: Auch im Altmühltal demonstriert der Herbst seine außerberuflichen Qualitäten als Vergolder.

Oben: Die kleine Stadt Greding machten geschickte Baumeister früherer Jahrhunderte durch gekonnte Staffelung der Häuserzeilen am Hang zu einem städtebaulichen Scheinriesen.

Links: *Das Ellinger Tor in Weißenburg verkörpert in idealer Weise den Willen einer spätmittelalterlichen reichsstädtischen Bürgerschaft zu Wehrhaftigkeit und Repräsentation.*

Oben: *Die Altmühl fügt sich harmonisch in die ruhige Winterstimmung, neigt sie als Bayerns langsamster, weil gefälleärmster Fluss ohnehin nicht zu übertriebener Hast.*

Links: Ein gelungenes Beispiel für Natur aus Menschenhand ist die Vogelinsel als Refugium für seltene Arten im Altmühlsee bei Gunzenhausen.

Oben und links kleines Bild:
Mit der Schaffung der Stauseen des so genannten „Neuen Fränkischen Seenlandes" haben die Franken Gelegenheit, ihre aufgestauten Freizeitenergien endlich auch in „unfränkisch" maritimen Disziplinen abbauen zu können.

Links: *Selbst im Winter kann das Spalter Land seine Bestimmung als Hopfenanbaugebiet nicht verleugnen.*

Oben: *Das hohe gestaffelte Dach des Mühlreisighauses bei Spalt war keine Angeberei einstiger Besitzer, sondern pure Notwendigkeit für das Trocknen des Hopfens.*

Oben: *Schon eher ein Beispiel für Angeberei ist die Orangerie im Ansbacher Hofgarten. Die schlichte Notwendigkeit, empfindliche Pflanzenexoten beheizt überwintern zu müssen, gab das Alibi zum prächtigen Palast in französischer Schlossbaumanier.*

Unten links: *Die Falknerei war das liebste und vielleicht auch kostspieligste Steckenpferd des „wilden" Markgrafen von Ansbach im 18. Jahrhundert.*

Unten rechts: *Alljährlich im Juli vergegenwärtigen die Rokokospiele mit ihren Menuetten, Contretänzen und Sarabanden die glanzvoll höfische aber bewegungsarme Eleganz der Markgrafenzeit.*

Links: *Ein gepflegter fürstlicher Haushalt des 18. Jahrhunderts kommt nicht ohne Spiegelkabinett aus. Man kann es zwar zu nichts konkret gebrauchen, aber es putzt jedes Schloss, wie hier die Ansbacher Residenz, ungemein.*

Oben links: *Neben der Residenz setzen die Kirchen Sankt Gumbertus und Sankt Johannes den kraftvollsten Akzent in der Ansbacher Altstadt.*

Oben rechts: *Der Hof der Stiftsdekanei hinter der Ansbacher Gumbertuskirche ist im Kern noch ein Überbleibsel aus katholischer Zeit.*

Nebenstehend: *Mit der Großplastik „Anscavallo" von Jürgen Goertz ist seit 1995 auch die zeitgenössische Kunst Bestandteil des Ansbacher Residenzensembles.*

Links: *Vielleicht verhalfen die dunklen Schatten der Felsen und der hohen Laubbäume der Schwarzach zu ihrem Namen.*

Oben: *Der Schöne Brunnen, das fachwerkreiche Rathaus und der Turm der Johanniskirche sorgen dafür, dass sich Schwabachs Königsplatz zu den schönsten im Lande zählen darf.*

Nachfolgende Seiten: *Die lang gestreckte erdenschwere Nürnberger Kaiserburg behauptet trotzig Herrschaftsansprüche im Diesseits, während das schlanke Turmpaar der Sebalduskirche auf eine höhere Macht verweist.*

Oben: *Auf soliden Säulen ruhen die gleichmäßigen Gewölbebögen der romanischen Unterkirche der Margarethenkapelle in der Nürnberger Burg.*
Rechts: *Der quadratische Heidenturm und der Sinwellturm, was im heutigen Sprachgebrauch „runder Turm" heißt, verleihen der Silhouette der Nürnberger Kaiserburg Profil.*

ALBRECHT-DURER-HAUS

Links: „Junges Leben auf alten Plätzen" klingt nach typischer „Werbeprosa" von Fremdenverkehrsstrategen, ist aber – wie hier zwischen Tiergärtnertor und Dürerhaus – die prägnanteste Beschreibung der Nürnberger Altstadt.

Oben: Von der Stadtmauer beim Tiergärtnertor bietet sich ein klassisches Alt-Nürnberger Szenenbild mit Dürerhaus, Pilatushaus und Kaiserburg als Hauptdarstellern.

Unten: Ein Wahrzeichen Nürnbergs sind die so genannten „Dicken Türme", denen im 16. Jahrhundert der Schutz der vier empfindlichen Eckpunkte des Altstadt-Parallelogramms anvertraut worden war.

Nachfolgende Seiten: Die Weißgerbergasse überliefert als einziger Straßenzug noch ein Bild von der strengen Zurückhaltung, die Nürnbergs reichsstädtische Magistratsherren den privaten Bauten der Bürger verordnet hatten.

DUKE

1918

Links: Nürnberg war nie Bischofssitz, was die reichen Reichsstädter angespornt haben mag, sich mit der Pfarrkirche Sankt Lorenz eine wahre „Bürgerkathedrale" zu errichten.

Unten: Adam Krafft meißelte nicht nur das Wunderwerk des Sakramentshauses in der Lorenzkirche, er trägt es sogar bis heute voller Stolz auf seinen Schultern.

Rechts: Die Blickfänge des Nürnberger Hauptmarktes stammen aus der Zeit Kaiser Karls IV.: Frauenkirche und Schöner Brunnen sind daher Vertreter der Prager Gotik in Franken.

Nachfolgende Seiten: Weinstadel, Wasserturm und Henkersteg bilden ein malerisches Ensemble an der Pegnitz, obwohl sie lediglich als reine Zweckbauten errichtet wurden.

Oben: *Der Hugenottenbrunnen vor der Orangerie im Erlangener Schlossgarten ist bis heute Dankesbekundung an den Bayreuther Markgrafen, der den französischen Glaubensflüchtlingen, freilich nicht ganz uneigennützig, im 17. Jahrhundert hier eine neue Heimat bot.*

Rechts: *Hunderte solcher Schöpfräder stillten einst den großen Sommerdurst der Wiesen und Felder entlang der Regnitz.*

Links: Eingehüllt in Winterdunst und Raureif erscheint Burg Hohenstein wie eine Fata Morgana aus dem Mittelalter.

Oben: Wo einst auf steilem Fels der Bergfried von Burg Hohenstein stand, genießt heute ein bescheidener Glockenturm den weiten Blick in die Hersbrucker Schweiz.

Links: *Am schönsten ist der Blick von der kargen Felskrone der Ehrenbürg über die Felder und Wiesen des Vorlandes der Fränkischen Schweiz, wenn sie sich im farbenfrohen Festgewand des Frühlings präsentieren.*

Oben: *Hinter einem Schild aus Felsen duckt sich die Wallfahrtskapelle auf dem Walberla.*

Unten: *Forchheim besaß eine Pfalz, in der sich oft Kaiser und Könige aufhielten, aber das Bauwerk, das der Volksmund heute Kaiserpfalz nennt, war lediglich die Burg des Bamberger Bischofs.*

Gasthof · Wagner-Bräu ·

Links: Seit rund hundert Jahren verwandeln am Dreikönigstag die Feuer des Lichterfestes die Felsenhänge rund um Pottenstein in flammende Wände.

Oben: Tüchersfeld im Herzen der Fränkischen Schweiz ist eine „pastorale Symphonie", mit den drei Sätzen: Felsen, Fachwerk und Forellenwasser – alles andante grazioso.

Nachfolgende Seiten: Fast wie eine Gralsburg sonnt sich Burg Gößweinstein in den Dunstschwaden des frühen Frühlings in der Fränkischen Schweiz.

Oben: *Im Kreis seines Hofstaates aus kleinen Stalagmiten nimmt sich der Barbarossa genannte Tropfstein in der Pottensteiner Teufelshöhle wie ein Kaiser aus.*

Unten: *In der Binghöhle bei Streitberg schufen Wasser und Kalk in hunderttausenden von Jahren einen faszinierenden Parcours bizarrer Tropfsteine.*

Rechts: *Bei den Eisstalagmiten und -stalaktiten in der Ludwigshöhle dagegen reichen dem Winter ein paar frostige Tage zur kreativen Ausschmückung der Versturzhöhle.*

Nachfolgende Seiten: *Passend zur Herbststimmung sorgen die Ruinen der Burg Neideck für eine melancholisch romantische Note im malerischen Tal der Wiesent.*

Links: *Auch so ein „fränkisches Wunder“: Inmitten der Wiesen und Äcker des Steigerwaldes bietet das Schönborn-Schloss Weißenstein in Pommersfelden mit seinem Treppenhaus ein opulentes barockes Bühnenbild für Auftritte von hauptstädtischem Anspruch.*

Oben: *Ein buchstäblich grotteskes Erlebnis ist der mit Muscheln, Steinmosaiken und anderen „kuriosen“ Materialien geschmückte Gartensaal des Schlosses Weißenstein.*

Links: *Mit dem Nebel als Komplizen gelingt der Altenburg oberhalb Bambergs die Täuschung, echtes Mittelalter zu sein.*

Oben: *Vor den Toren der Residenzstadt bot Schloss Seehof samt Park den Bamberger Fürstbischöfen das angemessene Ambiente für sommerliche Zerstreuungen.*

Links: Der viertürmige Dom und das ehemalige Kloster Michelsberg krönen Bambergs wohl erhaltenes Stadtbild, das dank seiner Geschlossenheit von der UNESCO in den Rang eines Weltkulturerbes erhoben worden ist.

Oben: Bambergs Altes Rathaus wirkt wie ein in der Regnitz vor Anker gegangenes Schiff – noch heute erfüllt es seinen Auftrag, symbolischer Brückenschlag zwischen bürgerlicher und geistlicher Stadt zu sein.

Oben: *Seit über siebenhundert Jahren reitet der heilige Stephan von Ungarn in unvergleichlich aristokratischer Haltung als „Bamberger Reiter" dem himmlischen Jerusalem entgegen.*

Rechts: *Der Dom Sankt Peter und Sankt Georg in Bamberg ist idealer architektonischer Ausdruck des christlichen Reichsgedankens, der Papst und Kaiser als „Doppelspitze" des mittelalterlichen Imperiums sah.*

IOSEPHUS. I.
LEOPOLDUS

Links: Im Dom war Bambergs Fürstbischof Bischof, in der Neuen Residenz dagegen Fürst, wie der Kaisersaal mit Melchior Steidls perspektivisch weitenden Deckenmalereien belegt.

Oben: Der turmartige Vierzehnheiligenpavillon der Neuen Residenz in Bamberg setzt ein domnahes architektonisches Ausrufungszeichen weltlichen Machtbewusstseins.

Unten: Fast schön bürgerlich nehmen sich dagegen die laubengesäumten Fachwerkbauten der spätmittelalterlichen Alten Hofhaltung in Bamberg aus.

Oben: *Nicht nur hier im „Schlenkerla" schmeckt den Bambergern ihr Rauchbier. Der untrainierte Trinker muss mitunter auf die Wirkung des Alkohols warten, um die Begeisterung der Einheimischen für diese Spezialität teilen zu können.*

Rechts: *Eigentlich ist das, was man heute werbewirksam „Bambergs Klein Venedig" nennt, nur eine Häuserzeile, in der früher die Fischer ideal nahe an ihrem Arbeitsplatz namens Regnitz wohnten.*

Oben: *Als barocker Palast thront das einstige Kloster Banz in benediktinischer Vorliebe für Berglagen mit „unverbaubarem Ausblick" hoch über dem jungen Main.*

Nebenstehend: *Balthasar Neumanns Fassadenkunst verhalf der Wallfahrtskirche Vierzehnheiligen zu ihrem doppeltürmigen, weit ins Maintal wirkenden Entree.*

Rechts: *Die Felskrone des Staffelberges bei Bad Staffelstein ist der beste Aussichtsbalkon des ganzen Obermaingebiets, besonders wenn „die Luft frisch und rein geht" – wohlauf!*

Links: *Selbst aus der Luft macht die Veste Coburg ihrem Zunamen „Fränkische Krone" alle Ehre. Wie ein Kronreif umschließen der Bastionsgürtel mit seinen Zacken und die stattlichen Wohn- und Wirtschaftsbauten den Doppelhof der herzoglichen Burg.*

Oben: *Die massigen, hohen Mauern der Veste Coburg schreckten einst ungebetene Gäste ab – heute helfen sie dank gleicher Höhe und Massigkeit Gäste anzuziehen.*

Oben: *Seine schicke, an englische Gotik erinnernde Fassade verdankt die Ehrenburg im Herzen Coburgs dem Berliner Trendsetter in Modefragen klassizistischer Architektur Karl Friedrich Schinkel.*

Oben: Seit mehr als dreihundert Jahren verhindert die Muskelkraft der Atlanten, dieser „barocken Schwarzeneggers“, dass gekrönte und bürgerliche Häupter unfreiwillig Bekanntschaft mit der Decke des Riesensaals der Coburger Ehrenburg machen.

Links: Auch wenn vor gut hundert Jahren dem Mittelalter auf Burg Lauenstein energisch nachgeholfen wurde, erzählt der kraftvolle Bau über dem Loquitztal noch eindrucksvoll von den mächtigen Geschlechtern der Orlamünde, Gleichen und Thüna.

Oben: Die Festung Rosenberg über Kronach ist eine der wenigen deutschen Wehranlagen, die in ihrer langen Geschichte jedem Belagerer trotzte.

Nebenstehend: Früher im Frankenwald ein häufiger Anblick: ein Köhler vor seinem rauchenden Mailer.

Oben: Während Kulmbachs behäbige Bürgerhäuser freundlich einladend den Talgrund besetzen, gibt sich die Markgrafenfestung Plassenburg bis heute äußerst zugeknöpft.

Unten: Zinsfelderbrunnen und Rathaus sind die barocken Blickfänge des Kulmbacher Marktplatzes.

Rechts: Fein dekorierte Renaissanceloggien trugen dem turniertauglichen Hof der Plassenburg über Kulmbach den Namen „Schöner Hof" ein.

Links: Der pilzförmige Zschokkefelsen gibt mit seinem Nachbarn nicht nur eine bizarre Rahmung des Blicks auf Burg Zwernitz ab, er ist auch Vorgeschmack auf den Felsenhain des Sanspareiler Gartens.

Oben: Den Landschaften des Fränkischen Juras und der Fränkischen Schweiz verleihen die felsdurchsetzten Trockenrasen mit ihren schlanken Wacholderbüschen einen fast mediterranen Charakter.

Unten: Das Felsentheater im Park von Sanspareil erinnert in seiner bewusst ruinenhaften Gestaltung an die Vergänglichkeit dessen, was der Mensch schafft.

Oben: *Den feierlichen Bauten des Neuen Schlosses der Bayreuther Eremitage mit dem zentralen Sonnentempel des Apoll verleihen die 58 Sprünge des großen Bassins geradezu den Charakter eines Märchenschlosses.*

Unten links: *Vor den aus Glasflüssen und Mosaiksteinchen zusammengesetzten Arkaden kann man den oberfränkischen Sommer entspannt genießen, zumal in der angemessenen Gesellschaft vergoldeter Imperatorenbüsten.*

Unten rechts: *Eigentlich heißt dieser Raum des Neuen Schlosses in Bayreuth Nussbaumgalerie. Da sich die Besucher aber zwischen den nachgeahmten Palmen wie in einem Palmenhain wähnen, nennt man die originelle Raumschöpfung des Rokokos meist Palmenzimmer.*

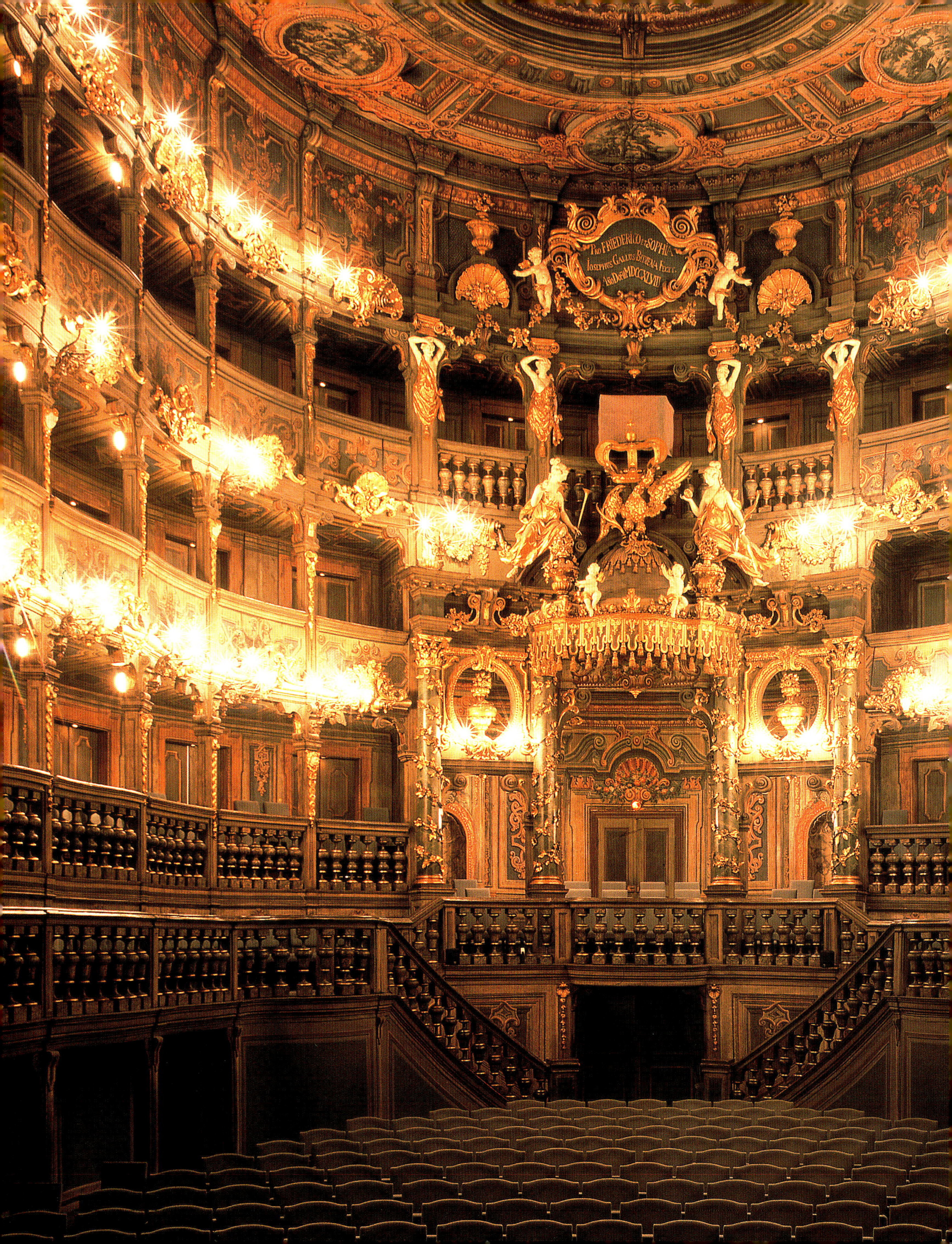
PRO FRIEDERICO ET SOPHIA
IOSEPHUS GALLUS BIBIENA FECIT
AÑO DOMI MDCCXLVIII

Links: *Das markgräfliche Opernhaus zu Bayreuth war prachtvoller Rahmen für die barocke Event-Kultur des Hofes der Markgräfin Wilhelmine. Die aufwändige Dekoration des Raumes garantierte Hofgesellschaft und Opernakteuren gleichermaßen effektvolle Auftritte.*

Oben: *Vor der erleuchteten Fassade des Neuen Schlosses zu Bayreuth reitet auf massigem Ross Markgraf Christian Ernst in der Pose eines oberfränkischen Ludwig XIV. seinen Gästen entgegen.*

Links: Die Luisenburg bei Wunsiedel, Deutschlands größtes „Felsenmeer", beeindruckte mit ihren gewaltigen Urgesteinsblöcken schon den naturforschenden Goethe.

Oben und unten: Das Fichtelgebirge war eines der höchsten Gebirge Europas. Was jahrmillionen Erosion übrig ließen, ist in Form dieser „Riesenkiesel" aus Granit immer noch eindrucksvoller Einblick in die Erdgeschichte.

Nachfolgende Seite: Die lebhaften Farben des Herbstes verhelfen den gründerzeitlich steifen Bauten des Theresiensteins in Hof zu mehr Eleganz und Leichtigkeit.

Impressum:

1. Auflage

Idee und Konzeption: Elmar Hahn, Klaus Schinagl
Text: Thomas Huth, Würzburg
Gestaltung: Klaus Schinagl, Veitshöchheim
Druckvorstufe: Schinagl produktion und media, Veitshöchheim
Gesamtherstellung: Karo Druck OHG, Frangart

ISBN 3-928645-35-8

Fotografie: Elmar Hahn ausgenommen: Herbert Liedel (Seite: 2/3, 69 o., 74/75, 79 u., 80/81, 83 li.u., 86/87, 91 mit 95, 97 mit 99, 101 mit 103, 105 o., 106 mit 109, 110/111, 112/113, 136/137), Thomas Peter Widmann (Seite: 7, 10, 12, 58/59, 90, 104/105, 105 u., 110, 117 mit 129, 131 mit 135, 138 u., 140 mit 144), Wolfgang Grötsch (Seite: 63, 64/65, 65), Hans Raab (Seite: 70, 70/71, 79 o.), Jürgen Holzhausen (Seite: 16/17, 17), Schloss Pommersfelden (Seite: 114, 115),Michael Vogel (Seite: 61 u., 88/89), Jürgen Wackenhut (Seite: 83 r. u., 137 o.), Claus Bauer (Seite: 27), Manuel Berninger (Seite: 69 u.), Bischof + Broel (Seite: 78/79), Rudolf Diemer (Seite: 18/19), Kurt Engel (Seite: 130), Helmut Gruber (Seite: 77), Thomas Huth (Seite: 11), Anton Kaiser (Seite: 19), Landesbibliothek Coburg (Seite: 4/5),Guido Mehl (Seite: 85 li.o.), Toni Schneider(Seite: 85 li.o.), Josef Stöhr (Seite: 73), Wolfgang Pusch (Seite: 14/15),.